BEI GRIN MACHT S
WISSEN BEZAHLT

- Wir veröffentlichen Ihre Hausarbeit,
  Bachelor- und Masterarbeit

- Ihr eigenes eBook und Buch -
  weltweit in allen wichtigen Shops

- Verdienen Sie an jedem Verkauf

Jetzt bei www.GRIN.com hochladen
und kostenlos publizieren

Die Auswirkungen einer Senkung des EZB-Leitzinses auf deutsche Kreditinstitute

David Jonathan Hoppmann

GRIN

Bibliografische Information der Deutschen Nationalbibliothek:

Die Deutsche Nationalbibliothek verzeichnet diese Publikation in der Deutschen Nationalbibliografie; detaillierte bibliografische Daten sind im Internet über http://dnb.d-nb.de abrufbar.

ISBN: 9783346266927
Dieses Buch ist auch als E-Book erhältlich.

© GRIN Publishing GmbH
Nymphenburger Straße 86
80636 München

Druck und Bindung: Books on Demand GmbH, Norderstedt Germany
Gedruckt auf säurefreiem Papier aus verantwortungsvollen Quellen

Das vorliegende Werk wurde sorgfältig erarbeitet. Dennoch übernehmen Autoren und Verlag für die Richtigkeit von Angaben, Hinweisen, Links und Ratschlägen sowie eventuelle Druckfehler keine Haftung.

Das Buch bei GRIN: https://www.grin.com/document/937937

Auswirkungen einer Senkung des EZB-Leitzinses auf die deutschen Kreditinstitute

Praxistransferbericht (II)

vorgelegt am 07.10.2019

an der

Hochschule für Wirtschaft und Recht Berlin

Fachbereich Duales Studium

Bereich:	Wirtschaft
Fachrichtung:	Bank
Studienjahrgang:	2018
Studienhalbjahr:	2. Semester

Inhalt

Abkürzungsverzeichnis

1. Einleitung

Das vorrangige Ziel der geldpolitischen Strategie des Eurosystems bzw. der Europäischen Zentralbank ist die Preisstabilität.[1] Das bedeutet, dass die Inflationsrate bzw. der harmonisierte Verbraucherpreisindex im Euroraum nahe 2% sein soll. In Zeiten der Finanzkrise 2008/2009 betrug die Inflation -0,6% p.a., was die expansive Geldpolitik, eine Reihe von Zinssenkungen, einläutete. Die Inflation ist momentan bei ca. 1%, weswegen Draghi auf dem Notenbankertreffen in Sintra ankündigte, neue Zinssenkungen durchzuführen.[2] Die Leitzinsen befinden sich schon seit Ausbruch der Finanzkrise in Europa 2009 auf einem Niedrigzinsniveau. Seit 2016 ist dieses Niedrigzinsniveau ein Nullzinsniveau, das die Geschäftsbanken in eine neue Ausgangsposition gebracht hat, auf der Suche nach Möglichkeiten, im harten Wettbewerb zu bestehen.

„Tutte le banche italiane ed europee dovranno affrontare nuove politiche monetarie perché un taglio [Leitzinsen] significa diminuzione degli utili previsti in una misura che può arrivare anche al 10% per le italiane e al 6% per le europee[3]."

Diese Arbeit geht der Frage nach, inwiefern die Risikobereitschaft von Kreditinstituten innerhalb des Euroraums durch die Nullzinspolitik gestiegen ist.

Als erstes wird hierbei die Entwicklung der EZB-Leitzinsen beschrieben bis zum heutigen Nullzinsniveau damit einhergehend wird auf die Ziele dieser Zinssenkungen eingegangen. Danach werden die Auswirkungen der expansiven Geldpolitik auf den Bankensektor im Euroraum untersucht. Dabei wird zuerst auf die Kursveränderung ausgewählter Wertpapiere eingegangen, die im Zuge der expansiven Geldpolitik entstanden sind und wie diese den Bankensektor beeinflussen. Darauf folgt eine Analyse des Einlagengeschäftes der Banken und es wird auf den Kostenfaktor aus der Doppelbelastung durch die Einlagenfazilität und das Kundeneinlagengeschäft eingegangen. Abschließend wird das Kreditgeschäft näher betrachtet. Dabei werden als erstes theoretische Aussagen getroffen zu den Auswirkungen auf den Bankensektor

---

[1] Vgl. Jarchow (2010), S.122.
[2] Vgl. Mallien / Blume (2019): EZB-Chef Draghi erwägt neue Konjunktur-Impulse – Trump zetert.
[3] Fontanesi (2019), Interview vom 23.09.19. (Carla Fontanesi arbeitet seit über 30 Jahren für die Banca Intesa San Paolo.): Alle italienischen und europäischen Banken müssen sich einer neuen Geldpolitik stellen, denn eine Senkung (Leitzinsen) bedeutet eine Verringerung der erwarteten Gewinne um bis zu 10% für italienische Banken und 6% für europäische Banken.

und danach erfolgt ein Abgleich dieser Annahmen mit Italien als viertgrößte Volkswirtschaft der Europäischen Union, einer tragenden Säule der EU.[4]

2. Zinssenkungen seit 2008

2.1 Entwicklung der EZB Zinssätze seit 2008/2009[5]

Im Offenmarktgeschäft beeinflusst die EZB die Geldmenge M3 im Euroraum u.a. mit dem Hauptrefinanzierungssatz. Hierbei vergibt die EZB Geld über die nationalen Zentralbanken an die jeweiligen Geschäftsbanken im Euroraum, die wiederum Sicherheiten in Form von Wertpapieren bei ihrer nationalen Zentralbank hinterlegen müssen. Dies kann als Repo-Geschäft oder besicherter Kredit erfolgen.[6]

Die ausgereichte Geldmenge, wird nach einem Tenderverfahren zugeteilt. Beim Zinstenderverfahren geben die Kreditinstitute einen Zinssatz an, zu dem sie bereit sind, eine bestimmte Menge Wertpapiere an die EZB zu geben. Der Zinssatz wird vom Markt bestimmt. Im Gegensatz dazu geben die Geschäftsbanken beim Mengentenderverfahren zu einem bestimmten von der EZB festgelegten Zinssatz Mengengebote ab, wie viele Wertpapiere sie bei der EZB hinterlegen wollen.[7] Bei beiden Verfahren wird im Falle der EZB die Liquidität der Zentralbank, um die geboten wurde, nach dem amerikanischen Verfahren zugeteilt, d.h. die höchsten Gebotsätze bekommen die von ihnen gewünschte Liquiditätsmenge zuerst. Diese Zuteilung erfolgt so lange, bis keine Liquidität mehr vorhanden ist.[8]

---

[4] Vgl. International Monetary Fund (Hrsg.) (2019), Größte Volkswirtschaften: Länder mit dem größten BIP im Jahr 2018 (in Milliarden US-Dollar).
[5] Auf die Spitzenrefinanzierungsfazilität, zu der Kreditinstitute über Nacht Liquidität bei der EZB holen können, wird nicht im Näheren eingegangen. Diese beträgt derzeit 0,25 % p.a.
[6] Vgl. Europäische Zentralbank (Hrsg.) (2008), S.71f.
[7] Vgl. Spahn (2012), S.99.
[8] Vgl. ebenda, S.101.

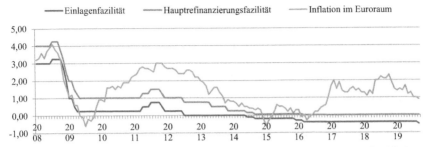

Abb. 1: Entwicklung der Fazilitäten und der Inflation im Euroraum (y-Achse in % p.a., x-Achse Jahre)
Quelle: Eigene Darstellung nach European Central Bank (Hrsg.) (2019), Key ECB interest rates;
ebenda (2019), Inflation rate (HICP).

Bis 2007 wurde das Zinstenderverfahren angewandt. Im Sommer 2007, zu Beginn der Sub-prime-Krise in den USA, war die Geldpolitik der EZB noch restriktiv. In Abb.1 ist zu sehen: Der Hauptrefinanzierungssatz war 2008 auf einem hohen Niveau, damit die Geschäftsbanken weniger Kredite der EZB in Anspruch nehmen. Die Einlagenfazilität, der Zins, zu dem bei der EZB über Nacht angelegtes Geld der Kreditinstitute verzinst wird, war ebenfalls auf einem hohen Niveau, um die Attraktivität einer Einlage bei der EZB zu steigern und so insgesamt die Geldmenge im Euroraum und die Inflation zu verringern.[9]

„We now expect the key ECB interest rates to remain at their present or lower levels until we have seen the inflation outlook robustly converge to a level sufficiently close to, but below 2% within our projection horizon, and such convergence has been consistently reflected in underlying inflation dynamics."[10]

Die Lehman-Pleite vom 15.09.2008, die als Beginn der globalen Wirtschaftskrise zählt, läutete die expansive Geldpolitik der EZB ein, indem am 15.10.2008 erstmals seit 2003 der Hauptre-finanzierungssatz gesenkt wurde.[11] Es erfolgte ein Wechsel des Tenderverfahrens hin zum Mengentender im September 2008 erfolgte. Da ein Zinstenderverfahren auf Marktmechanis-men basiert und diese in Zeiten einer Finanzkrise nicht die gewünschte Wirkungsweise erzie-len. Ein vorgegebener Zins der EZB beim Mengentender hingegen gibt den Kreditinstituten eine Information über die von ihr angestrebte Zinsentwicklung.[12]

---

[9] Vgl. European Central Bank (Hrsg.) (2019), Key ECB interest rates; ebenda (2019), Inflation rate (HICP).
[10] Draghi (2019), Press Conference 12 September 2019. (Hervorhebungen weggelassen).
[11] Vgl. Epiq Global (Hrsg.) (2008), Lehman Brothers Holding Inc. (Chapter 11); Deutsche Bundesbank (Hrsg.) (2017), S.107; European Central Bank (Hrsg.) (2019), Key ECB interest rates.
[12] Vgl. ebenda; Borchert (2003), S. 267.

Seitdem wurde der Hauptrefinanzierungssatz stetig gesenkt, bis dieser am 16.03.2016 einen Tiefstand von 0% p.a. erreichte. Die Einlagefazilität wurde ebenfalls immer weiter bis in den negativen Bereich von -0,5% p.a. gesenkt, dadurch entstehen Kosten für eine Einlage über dem Mindestreservesatz.[13]

2.2 Ziele der Zinssenkungen

Die Finanzkrise hatte im Euroraum in erster Linie die Banken getroffen, die Asset Backed Securities mit einem vermeintlichen AAA-Rating aus den USA erworben haben.[14] Dadurch wurde das Vertrauen der Banken untereinander erschüttert und der Interbankenmarkt kam zum Erliegen. Banken, die sich hauptsächlich bei anderen Banken refinanzierten, waren besonders betroffen von diesem Umstand, weswegen sie verstärkt die vergünstigte Liquidität der EZB in Anspruch nahmen.[15] Die gesamten Refinanzierungsgeschäfte bei der EZB betrugen Ende 2008 insgesamt ca. 820 Mrd. Euro, wovon Hauptrefinanzierungsgeschäfte in Höhe von 350 Mrd. Euro getätigt wurden.[16] Somit trug die Zinssenkung der EZB dazu bei, dass das Risiko einer Bankeninsolvenz im Euroraum gemindert wurde.

Für Banken war es am sichersten, Geld bei der EZB aufzunehmen und dieses dort auch wieder verzinslich anzulegen. Im Januar 2009 haben die Geschäftsbanken rund 240 Mrd. Euro über die Einlagenfazilität bei der EZB angelegt.[17] Um solch einem Agieren in wirtschaftlichen Krisen zuvorzukommen, hat die EZB seit Juni 2014 negative Zinsen auf ihre Einlage eingeführt.[18]

So führen eine negative Einlagefazilität und ein gesunkener Hauptrefinanzierungssatz über die gestiegene Geldmenge zu einer höheren Inflation. Die Leitzinsen haben auch Einfluss auf die Industrie. Da der gesunkene Leitzins bei der EZB über einen sog. Transmissionskanal direkt an die Non Financial Corporations weitergereicht wird, stimuliert dies die Kreditvergabe der Monetary and Financial Institutions an die NFCs. Damit soll die Investitionsfähigkeit der NFCs erhöht und somit die Wirtschaft angekurbelt werden. Gleiches gilt für die Kreditvergabe an private Haushalte. Somit wird das Konsumverhalten angeregt.[19]

Die Zinssenkungen aus 2008 wurden an die NFCs über die Geschäftsbanken übertragen, wenn auch nicht vollständig, da die Finanzkrise den Transmissionsmechanismus belastet hatte.[20]

---

[13] Vgl. European Central Bank (Hrsg.) (2019), Key ECB interest rates.
[14] Vgl. Hemraj (2015), S.36.
[15] Vgl. Weber (2008), S. 4 f.
[16] Vgl. Europäische Zentralbank (Hrsg.) (2011), S123.
[17] Vgl. European Central Bank (Hrsg.) (2019), Deposit facility – Eurosystem.
[18] Vgl. ebenda (2019) , Key ECB interest rates.
[19] Vgl. Deutsche Bundesbank (Hrsg.) (2017), S.181; Borchert (2003), S.242f.
[20] Vgl. Čihák u.a. (2010), S. 91f.

Somit stieg die Zinsmarge der Banken, was beispielsweise in Deutschland 2009 zu Zinserträgen von 317,8 Mrd. Euro führte bei einer Rekordzinsmarge von etwa 2,3% gegenüber Unternehmen mit überschaubarem Risiko.[21] Die Zahl abgeschlossener Kredite an NFCs im Euroraum sank im Jahr 2009 im Vergleich zu 2008 um 5%.[22]

3. Auswirkungen auf den Bankensektor

3.1 Kursentwicklungen von Wertpapieren

Zu den Geldmarktinstrumenten der EZB zählen nicht nur die Hauptrefinanzierungsgeschäfte und ständige Fazilitäten sondern auch die Anleihekaufprogramme.[23] Letztere finden vor allem statt, wenn der Hauptrefinanzierungssatz 0% p.a. beträgt, da es schwieriger ist, die Marktzinsen und somit die Inflation bzw. die Entwicklung der Wirtschaft zu beeinflussen.[24]

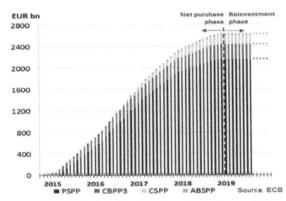

Abb. 2: Kumulierte Nettoeinkäufe von Wertpapieren nach Programm
Quelle: European Central Bank (2019), Asset purchase programmes.

Die Programme Covered Bond Purchase Programme 3 (CBPP 3) und Asset-Backed Securities Purchase Programme (ABSPP) beinhalten den Ankauf gedeckter Schuldverschreibungen und forderungsbesicherter Wertpapiere. Beim Corporate Sector Purchase Programme (CSPP) werden mit Investment Grade bewertete Euro-Unternehmensanleihen aus dem Euro-Raum erworben.[25] Aus Abbildung 2 lässt sich entnehmen, dass das Public Sector Purchase Programme

---

[21] Vgl. Deutsche Bundesbank (Hrsg.) (2018), Ertragslage der deutschen Kreditinstitute; European Central Bank (2019), Germany, Lending margins of MFIs on loans in Euro to non-financial corporations (Based on MIR data).
[22] Vgl. Deutsches Institut für Wirtschaftsforschung u.a. (Hrsg.) (2018), S.24
[23] Vgl. Draghi (2017), S.37.
[24] Vgl. Deutsche Bundesbank (Hrsg.) (2017), S. 214f.
[25] Vgl. ebenda, S. 216.

(PSPP) etwa 85% Anteil an den Kaufprogrammen ausmacht, weswegen im Folgenden nur darauf eingegangen wird.

Hierbei kauft die EZB seit März 2015 auf Euro lautende Staatsanleihen der EU-Staaten mit dem Rating „Investment Grade".[26] Über den Sekundärmarkt kauft die EZB diese Anleihen von Geschäftsbanken.[27] Demzufolge nehmen der Geldbestand dieser Kreditinstitute und die Fähigkeit, Kredite auszugeben, zu.[28]

Am 12.09.2019 wurde eine Neuauflage des APP beschlossen, wobei ab November 2019 monatlich in Höhe eines Volumens 20 Mrd. Euro Wertpapiere gekauft werden sollen. Dies soll solange durchgeführt werden, bis die gewünschte Inflation erreicht wird. Die Zinserträge aus den gekauften Wertpapieren sollen auch in das APP fließen.[29]

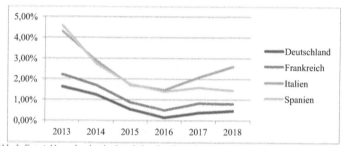

Abb. 3: Entwicklung der durchschnittlichen Rendite zehnjähriger Staatsanleihen im Euroraum (y-Achse in % p.a., x-Achse in Jahren)
Quelle: Eigene Darstellung nach Bloomberg (Hrsg.) (2019): Table 3.4, Government bond yields.

In Abbildung 3 lässt sich erkennen, dass mit dem Start der Anleihekäufe die Umlaufrendite im Euroraum gesunken ist, bis diese Mitte 2016 ihr Tief erreichte. Demzufolge steigt der Kurs von Anleihen, die vor dem Anleihekaufprogramm erworben wurden aufgrund deren höheren Verzinsung. Banken, die Euro-Staatsanleihen hielten, konnten kurzfristig Kursgewinnen, da ab Mitte 2016 die Renditen wieder zunahmen. In Italien ist die Rendite signifikant angestiegen, da Fitch das Rating Italiens 2017 von BBB+ auf BBB verschlechterte und Moody´s 2018 Italien von Baa2 auf Baa3 herabstufte.[30]

---

[26] Vgl. Deutsche Bundesbank (Hrsg.) (2017), S. 216.
[27] Vgl. Gramlich (o.J.), Public Sector Purchase Programme (PSPP).
[28] Vgl. European Central Bank (Hrsg.) (2016), How can the asset purchase programme help the ECB to fulfil its mandate of maintaining price stability?
[29] Vgl. Draghi (2019), Press Conference 12 September 2019.
[30] Vgl. Trading Economics (Hrsg.) (2019), Italien-Bonitätsbeurteilung.

Niedrige Renditen der Staatsanleihen zwingen den Bankensektor in alternative Wertpapiere zu investieren. Die Banken haben mit dem Start des APP auf steigende Aktienkurse spekuliert und vermehrt Aktien gekauft. Die Deutsche Bank hielt beispielsweise Ende 2015 ein Aktienvermögen in Höhe von 1.051 Mio. Euro.[31] Seit 2015 ist zu beobachten, dass der Deutsche Aktienindex (DAX) stetig auf Höchststände wächst.[32]

Deutsche Bank und Commerzbank haben ihre Handelsaktiva ab 2016 jedoch abgebaut.[33] Die Deutsche Bank hielt Ende 2018 ein Aktienvermögen in Höhe von 559 Mio. Euro.[34] Die Renditen von Staatsanleihen sind Mitte 2016 wieder gestiegen, was den Abbau an Aktienvermögen begründen könnte. Nach der Risikokostenregelung bei EU-Staatsanleihen in Euro sind diese mit einem Risikogewicht von 0% anzusetzen, weswegen sie zu 100% mit Fremdkapital erworben werden dürfen.[35] Bei einer Verschärfung dieser Regelung wären v.a. Banken in Staaten schlechten Ratings betroffen, so müssten italienische Banken 9 Mrd. Euro zusätzliches Eigenkapital aufbringen, wohingegen deutsche Banken 1,8 Mrd. Euro hinterlegen müssten.[36]

„But we [Governing Council] still are very concerned about the pension and the related services industry and certainly this is one of the side effects."[37]

Aktienfonds profitieren von steigenden Kursen. Rentenfonds, die u.a. für institutionelle Anleger ausgerichtet sind, haben Verluste.[38] Versicherungen haben Probleme, die höhere Rendite aus Altverträgen sicherzustellen. Im Folgenden wird als Beispiel der Deutsche Institutional Money plus ID BA Fonds herangezogen. Dieser investiert zu ca. 60% in Euro- bzw. euronahe Anleihen mit variabler Verzinsung, die zu 96% das Rating A-AAA aufweisen.[39] Diese Staatsanleihen weisen geringe Renditen auf, die z.T. negativ ist.[40] Somit lässt sich schlussfolgern, dass die niedrige Rendite, die bei variabel verzinsten Anleihen in Folge der

[31] Vgl. Deutsche Bank AG (Hrsg.) (2019), S.144.
[32] Vgl. Deutsche Börse Group (Hrsg.) (2019), DAX (TR) EUR.
[33] Vgl. Commerzbank AG (Hrsg.) (2019), S. 150; ebenda (2016), S. 156; Deutsche Bank AG (Hrsg.) (2017), S. 133; ebenda (2019), S.144.
[34] Vgl. ebenda.
[35] Vgl. Deutsches Institut für Wirtschaftsforschung e.V. (Hrsg.) (2017), Neue Eigenkapitalregeln könnten einige europäische Banken in Bedrängnis bringen; European Banking Authority (Hrsg.) (2013), CRR Article 114.
36 Vgl. Vgl. Deutsches Institut für Wirtschaftsforschung e.V. (Hrsg.) (2017), Neue Eigenkapitalregeln könnten einige europäische Banken in Bedrängnis bringen.
[37] Draghi (2019), Press Conference 12 September 2019.
[38] Vgl. DWS Group (Hrsg.) (2019), Performance Chart.
[39] Vgl. ebenda, Anlagestruktur.
[40] Vgl. Bloomberg (Hrsg.) (2019), Table 3.4, Government bond yields; Tagesschau (Hrsg.) (2019), Wie kreditwürdig sind welche Staaten?.

Anleihekaufprogramme noch weiter absinkt, einen wachsenden Kostenfaktor für das Investmentsegment der Banken darstellt und auf die institutionellen Anleger übertragen werden muss.

3.2 Einlagengeschäft

Die Kreditinstitute im Euroraum hielten im Juni 2019 Überschussreserven in Höhe von 1204,3 Mrd. Euro, wovon ca. 437,8 Mrd. Euro bei der Deutschen Bundesbank liegen, d.h., dass die deutschen Kreditinstitute allein etwa 37% der Überschussreserven ausmachen.[41] Dementsprechend verursacht eine Verzinsung mit -0,4% p.a. (wenn dieser Betrag als Jahresdurchschnitt angenommen wird) im Euroraum Kosten in Höhe von etwa 5 Mrd. Euro pro Jahr, wovon 1,85 Mrd. Euro auf die deutschen Geschäftsbanken entfallen. Gleichzeitig steigen die Sichteinlagen privater Haushalte in Deutschland auf ein Volumen von 1.487 Mrd. Euro, die im Juni mit 0,01% p.a. verzinst wurden, wodurch etwa 148,7 Mio. Euro pro Jahr zusätzliche Kosten auf die deutschen MFIs entfallen.[42]

Die Banken haben im Einlagengeschäft mit NFCs negative Zinsen eingeführt, die mit -0,03% p.a. noch weit über der Einlagenfazilität liegen.[43] Die Verzinsung auf die Einlagen der Privatkunden ist nicht im selben Maß gesunken, sondern nur bis nahezu 0% p.a. Die Einlagenfazilität hingegen befindet sich unter 0% p.a.[44] Um die hohen Kosten im Einlagegeschäft mit privaten Haushalten zu reduzieren, sollten die Banken negative Zinsen einführen. Dies ist politisch umstritten. So prüft Finanzminister Olaf Scholz, ob er per Gesetz das Bankguthaben von Kleinsparern schützen kann.[45]

Am 12.09.2019 hat die EZB das System der Einlagenfazilität reformiert, daraus ergibt sich ein Zwei-Säulenmodell. Dabei wird für alle Geschäftsbanken ein verbindlicher Faktor eingeführt, mit dem die Mindestreserve multipliziert wird, die sich daraus ergebende Zahl ist ein Freibetrag an Überschussreserve, der zu 0% p.a. verzinst wird (erste Säule).[46] Der Faktor ist variabel und von der EZB frei bestimmbar, was diesen zu einem neuen Geldmarktinstrument macht.[47]

---

[41] Vgl. Deutsche Bundesbank (Hrsg.) (2019), Statistischer Teil S.42.
[42] Vgl. ebenda, S.45.
[43] Vgl. ebenda
[44] Vgl. Deutsche Bundesbank (Hrsg.) (2019), Statistischer Teil S.45
[45] Vgl. Handelsblatt (Hrsg.) (2019), Die GroKo will Sparer vor Negativzinsen schützen – Ökonomen sind entsetzt.
[46] Vgl. European Central Bank (Hrsg.) (2019), ECB introduces two-tier system for remunerating excess liquidity holdings.
[47] Vgl. ebenda

Die restliche Überschussreserve wird zur verringerten Einlagefazilität von -0,5% p.a. verzinst (zweite Säule).

3.3 Kreditgeschäft

3.3.1 Theoretische Überlegungen

Aufgrund der Kosten, die infolge der negativen Einlagefazilität und der bestehenden positiven Verzinsung im Einlagengeschäft mit privaten Haushalten entstehen, waren weitere deutliche Zinssenkungen seit 2016 nicht möglich.[48] Das neue Zwei-Säulen-Modell der Einlagenfazilität begünstigt weitere Zinssenkungen, erhöht aber zeitgleich die exzessive Risikoübernahme im Bankensektor.[49]

In einem Experiment zu Ranking und Risikoübernahme in der Finanzindustrie wurde festgestellt, dass verstärkt Risiken in Zeiten von Verlusten eingegangen werden.[50] Eine weitere Erkenntnis war, dass rangabhängige monetäre Entlohnungen Risikoinvestitionen begünstigen und unterdurchschnittlich abschneidende Professionelle v.a. kleine Banken mit schlechter Kapitalversorgung noch stärkere Risiken eingehen.[51]

Je niedriger das Zinsniveau, desto geringer ist der Zinsertrag aus Kreditgeschäften mit Kreditnehmern guter Bonität. Um also den Ertrag zu sichern, ist es erforderlich Kredite an Personen schlechterer Bonität zu vergeben, da dadurch der Risikokostenaufschlag beim Effektivzins größer ist.[52] Daraus resultiert zwangsläufig eine Lockerung der Kreditvergaberichtlinien, die von den Bankmanagern, deren Gehälter an erwirtschaftete Renditen gekoppelt sind, veranlasst werden muss.[53] Ein weiterer Faktor, der den Zinsertrag schmälert, ist die öffentlichkeitswirksame Ankündigung der EZB (Forward Guidance), die Leitzinsen auf dem aktuellen Niveau zu lassen. Dadurch sinkt das Risiko der Zinsvolatilität, welches Kreditinstitute nicht länger in vollem Ausmaß in dem Kreditzins auspreisen können.[54] In Zeiten niedriger Zinsen wird somit das Geschäftsvolumen massiv ausgeweitet. Aufgrund der Laufzeitprämie, die mit höheren Ausfallrisiken verbunden ist, werden vermehrt Kredite mit langen Laufzeiten abgeschlossen und die Fristentransformation verstärkt. Allerdings bewirkt Foward Guidance, dass auch das lange Ende der Zinskurve nach unten gedrückt wird. Aufgrund der gesunkenen Rendite

---

[48] Vgl. Deutsche Bundesbank (Hrsg.) (2019), S.48.
[49] Vgl. Illing (2011), S.13.
[50] Vgl. Kirchler u.a. (2017), S. 12.
[51] Vgl. ebenda, S. 11; Neuenkirch / Nöckel (2017), S.3.
[52] Vgl. Deutsche Bundesbank (Hrsg.) (2019), S. 48.
[53] Vgl. Illing (2011), S.14; Neuenkirch / Nöckel (2017), S.3.
[54] Vgl. ebenda, S. 14.

längerfristiger Staatsanleihen (Laufzeit ≥ 10 Jahre), entstehen im Ertrag des Kredites Einbu-
ßen.[55] Demzufolge sind Kreditinstitute gezwungen höhere Risiken einzugehen, um auch fixe
Kosten, die bei einem stark ausgebauten Filialnetz deutlich höher sind als bei Onlinebanken,
zu decken. Das beweist den durch die expansive Geldpolitik der EZB verursachten „Risiko-
übernahmekanal"[56].

3.3.2 Fallbeispiel Italien

Die Banken in Italien hielten im Juli 2019 Überschussreserven in Höhe von 53,7 Mrd. Euro
und haben diese somit im Vergleich zu Dezember 2017 (90,6 Mrd. Euro) um ca. 41% redu-
ziert.[57] Die Sichteinlagen privater Haushalte betrugen im Juli 2019 1.083 Mrd. Euro bei einer
durchschnittlichen Verzinsung von 0,45 % p.a.[58] Somit ergeben sich für die italienischen Kreditinstitute Kosten in Höhe von ca. 4,5 Mrd. Euro pro Jahr, die durch die negative Einlagenfazilität und die Verzinsung der Sichteinlagen privater Haushalte entstehen. Anders als in
Deutschland besteht für die NFC eine positive Verzinsung von ca. 0,11 % p.a., die bei einem
angenommenen Jahresdurchschnitt als Sichteinlage in Höhe von 290 Mrd. Euro, approximiert
319 Mio. Euro Kosten verursachen.[59] Das Zinsgeschäft macht bei den größten italienischen
Banken ca. 50% des gesamten Umsatzes aus.[60]

Aufgrund der Kostenlast aus dem Einlagegeschäft konnten die italienischen Geschäftsbanken
ihre Zinsen im Kreditneugeschäft nicht wesentlich weiter senken.[61] Die NFCs im Euroraum
haben ihre Finanzierungsstruktur zu mehr Eigenkapital und anderen Schuldinstrumenten wie
Anleihen angepasst. Infolgedessen ist seit Januar 2012 das Kreditgeschäft mit NFCs um 26%
zurückgegangen.[62] Im Vergleich dazu ist das Geschäft mit privaten Haushalten seit Januar
2012 bis Juli 2019 um 15,7 Mrd. Euro gestiegen, wobei vor allem Darlehen für Immobilien-
käufe und grundpfandrechtlich besicherte Darlehen zugenommen haben.[63]

Bei den Zinssätzen für Hypotheken an private Haushalte ist festzustellen, dass die Lücke zwischen fest- (zehnjährige Laufzeit) und variabel verzinslicher Darlehen größer wird, was mit

---

[55] Vgl. Deutsche Bundesbank (Hrsg.) (2019), S.51; Draghi (2019), First question about APP.
[56] Europäische Zentralbank (Hrsg.) (2011), S.65.
[57] Vgl. Banca d´Italia (Hrsg.) (2019), S.42.
[58] Vgl. ebenda, S. 9;
[59] Vgl. Banca d´Italia (Hrsg.) (2019), S.9; ebenda, S.31.
[60] Vgl. UniCredit (Hrsg.) (2019), S. 538; Intesa Sanpaolo (Hrsg.) (2019), S. 194.
[61] Vgl Banca d´Italia (Hrsg.) (2019), S.1.
[62] Vgl. European Central Bank (Hrsg.) (2019), Loans vis-a-vis euro area NFC reported by MFI excluding ESCB
in Italy (stock); Deutsche Bundesbank (Hrsg.) (2019), S. 46.
[63] Vgl. ebenda, Loans vis-a-vis euro area households reported by MFI excluding ESCB in Italy (stock); Banca
d´Italia (Hrsg.) (2019), S.13.

der gestiegenen Rendite italienischer Staatsanleihen zusammenhängt (Abbildung 3). Demzufolge sank der Anteil festverzinslicher Darlehen von 66% auf 63% zugunsten der variabel verzinsten Hypotheken.[64] Ein Anstieg des Zinsniveaus führt bei variabel verzinsten Darlehen zu einem gestiegenen Ausfallrisiko, was die Finanzkrise 2008/09 auslöste. Damit ist vorerst nicht zu rechnen, da Draghi angekündigt hat, die Zinsen der Nullzinspolitik fortzusetzen, bis die Inflation knapp unter 2% p.a. ist.[65]

Das hohe Risiko italienischer Banken ist auch daran zu erkennen, dass diese im Euroraum die zweithöchsten Risikokosten haben, wohingegen deutsche Kreditinstitute auf dem 18. Platz sind.[66] Die Banken in Italien haben ihre Kreditvergaberichtlinien bei Darlehen für Hauskäufe gelockert.[67] Die Ablehnungen der Bewerber auf einen Kredit haben insgesamt abgenommen. Der Bedarf an Darlehen für Hauskäufe ist gestiegen.[68] Ende 2018 betrug die Zahl der nonperforming loans 189 Mrd. Euro von insgesamt 2.185 Mrd. Euro laufenden Krediten, was einer NPL-Quote von 8,64% entspricht.[69] Trotz der risikobehafteten Kreditvergabe ist die Zinsmarge im Neugeschäft mit NFCs und privaten Haushalten seit 2016 auf 0,6% p.a. gesunken, was die Zinserträge senkt.[70]

Die EZB hat am 12.09.2019 angekündigt neue gezielte längerfristige Refinanzierungsgeschäfte TLRTO III zu starten. Diese haben eine verlängerte Laufzeit von drei Jahren und werden zum Zinssatz der Hauptrefinanzierungsgeschäfte verzinst. Falls die Kreditvergabe eine Benchmark übersteigt, sinkt die Verzinsung maximal auf den Zinssatz der Einlagenfazilität.[71] Italien hat sich in der Vergangenheit an diesen Refinanzierungsgeschäften stark beteiligt. Aufgrund der gestiegenen Nachfrage nach Krediten seitens der privaten Haushalte werden die italienischen Banken die Kreditvergabe ausweiten, um von dem gesenkten Zinssatz zu profitieren, was aber mit steigenden Risiken einhergeht.[72]

---

[64] Vgl. ebenda, S.13.
[65] Vgl. Draghi (2019), Press Conference 12 September 2019.
[66] Vgl. European Banking Authority (Hrsg.) (2019), S.23.
[67] Vgl. European Central Bank (Hrsg.) (2019), Changes in credit standards applied to the approval of loans to households for house purchase, and contributing factors.
[68] Vgl. ebenda, Changes in demand for loans to households for house purchase, and contributing factors.
[69] Vgl. Banca d´Italia (Hrsg.) (2019), S.26.
[70] Vgl. European Central Bank (Hrsg.) (2019), MFIs lending margins on new loans to households and non-financial corporations – Italy.
[71] Vgl. European Central Bank (Hrsg.) (2019), DECISION (EU) 2019/XX* OF THE EUROPEAN CENTRAL BANK of 12 September 2019 amending Decision (EU) 2019/1311 on a third series of targeted longer-term refinancing operations (ECB/2019/28).
[72] Vgl. Banca d´Italia (Hrsg.) (2019), S.41.

4. Fazit[73]

Die Senkung der Leitzinsen seitens der EZB sowie die Anleihekaufprogramme haben das Zinsumfeld in dem längerfristigen Bereich nahe 0% gebracht. Die Kosten aus der negativen Einlagefazilität sowie die durch den innereuropäischen Interbankenwettbewerb aufrechterhaltene positive Verzinsung der Kundeneinlagen haben die Banken unter Druck gesetzt. Die europäischen Banken sind, wie am Beispiel Italiens verdeutlicht, abhängig von den Zinserträgen aus dem Kreditgeschäft. Deshalb ist es erforderlich, das Kreditgeschäft auszuweiten, um die Zinserträge sicherzustellen. Seit 2016 ist eine sinkende Tendenz der Zinsmarge zu beobachten. In Deutschland ist keine höhere Risikobereitschaft der Geschäftsbanken zu erkennen. In Italien ist eine hohe Risikobereitschaft, was an der hohen Risikokostenquote zu erkennen ist. Die Nachfrage der NFCs nach Krediten sinkt, weswegen das Risiko im Neugeschäft mit privaten Haushalten liegt. Die Darlehen für Hauskäufe/Hypotheken sind zz. mehrheitlich festverzinslich. Die langfristige Verzinsung der Darlehen geht einher mit der Rendite Entwicklung zehnjähriger Staatsanleihen. Die Rendite dieser Staatsanleihen steigt seit Mitte 2016. Aufgrund der Kostenspanne zwischen beiden Zinsarten ist eine Tendenz zu den variabel verzinsten Darlehen zu erkennen. Steigt die Rendite italienischer Staatsanleihen weiterhin, wachsen die Kostenspanne und damit die Nachfrage nach variabel verzinsten Darlehen. Italien ist als viertgrößte Volkswirtschaft eine bedeutende Säule der EU. Wenn die EZB das Zinsniveau anhebt und das Risiko für non-performing loans steigt, wäre vor allem die wachsende Zahl variabel verzinster Darlehen v.a. in Italien betroffen. Italiens Bankensektor ist somit eine Gefahr für die gesamte Europäische Union und wenn diese Säule wegbricht, droht eine Wiederholung der Finanzkrise 2008/09 sowie eine Erosion der Europäischen Union.

---

[73] Die limitierte Seitenzahl hat die Tiefe des Fazits eingeschränkt.

Literaturverzeichnis

Banca d´Italia (Hrsg.) (2019): Financial Stability Report, https://www.bancaditalia.it/pubblicazioni/rapporto-stabilita/2019-1/en-FSR-1-2019.pdf?language_id=1. Abgerufen am 01.10.2019.

Banca d´Italia (Hrsg.) (2019): Statistics, Banks and Money: National Data, https://www.bancaditalia.it/pubblicazioni/moneta-banche/2019-moneta/en_statistiche_BAM_20190910.pdf?language_id=1. Abgerufen am 01.10.2019.

Bloomberg (Hrsg.) (2019): Table 3.4, Government bond yields, in: Statista Research Department (Hrsg.) (2019): Entwicklung der Rendite zehnjähriger Staatsanleihen Deutschlands in den Jahren von 1995 bis 2018, https://de.statista.com/statistik/daten/studie/200193/umfrage/entwicklung-der-rendite-zehnjaehriger-staatsanleihen-in-deutschland/. Abgerufen am 01.10.2019.

Bloomberg (Hrsg.) (2019): Table 3.4, Government bond yields, in: Statista Research Department (Hrsg.) (2019): Entwicklung der Rendite zehnjähriger Staatsanleihen Italiens in den Jahren von 1995 bis 2018, https://de.statista.com/statistik/daten/studie/383111/umfrage/entwicklung-der-rendite-zehnjaehriger-staatsanleihen-italiens/. Abgerufen am 01.10.2019.

Bloomberg (Hrsg.) (2019): Table 3.4, Government bond yields, in: Statista Research Department (Hrsg.) (2019): Entwicklung der Rendite zehnjähriger Staatsanleihen Frankreichs in den Jahren von 1995 bis 2018, https://de.statista.com/statistik/daten/studie/383109/umfrage/entwicklung-der-rendite-zehnjaehriger-staatsanleihen-frankreichs/. Abgerufen am 01.10.2019.

Bloomberg (Hrsg.) (2019): Table 3.4, Government bond yields, in: Statista Research Department (Hrsg.) (2019): Entwicklung der Rendite zehnjähriger Staatsanleihen Spaniens in den Jahren von 1995 bis 2018, https://de.statista.com/statistik/daten/studie/383104/umfrage/entwicklung-der-rendite-zehnjaehriger-staatsanleihen-spaniens/. Abgerufen am 01.10.2019.

Bloomberg (Hrsg.) (2019): Table 3.4, Government bond yields, in: Statista (Hrsg.) (2019): Rendite für Staatsanleihen mit zehnjähriger Laufzeit ausgewählter Länder weltweit im Juli 2019, https://de.statista.com/statistik/daten/studie/77722/umfrage/rendite-von-zehnjaehrigen-staatsanleihen-nach-europaeischen-laendern/. Abgerufen am 01.10.2019.

Borchert, Manfred (2003): Geld und Kredit, München, 8., überarbeitete und erweiterte Auflage.

Čihák, Martin / Harjes, Thomas / Stavrev, Emil (2010): Euro Area Monetary Policy in Uncharted Waters, in: De Han, Jakob / Berger, Helge (2010): The European Central Bank at Ten, Heidelberg, 1., Auflage.

Commerzbank AG (Hrsg.) (2016): Geschäftsbericht 2015, Laufend besser, https://www.commerzbank.de/media/de/aktionaere/haupt/2016_5/geschaeftsbericht_2015.pdf. Abgerufen am 01.10.2019.

Commerzbank AG (Hrsg.) (2019): Geschäftsbericht 2018, https://www.commerzbank.de/media/aktionaere/service/archive/konzern/2019_1/Geschaeftsbericht_2018_Konzern_DE.pdf. Abgerufen am 01.10.2019.

Deutsche Bank AG (Hrsg.) (2017): Jahresabschluss und Lagebericht der Deutschen Bank AG 2016, https://www.db.com/ir/de/download/Jahresabschluss_und_Lagebericht_Deutsche_Bank_AG_2016.pdf. Abgerufen am 01.10.2019.

Deutsche Bank AG (Hrsg.) (2019): Jahresabschluss und Lagebericht der Deutschen Bank AG 2018, https://www.db.com/ir/de/download/Jahresabschluss_und_Lagebericht_der_Deutschen_Bank_AG_2018.pdf. Abgerufen am 01.10.2019.

Deutsche Börse (Hrsg.) (2019): DAX® (TR) EUR, https://www.dax-indices.com/index-details?isin=DE0008469008. Abgerufen am 01.10.2019.

Deutsche Bundesbank (Hrsg.) (2017): Geld und Geldpolitik, Frankfurt am Main, 1., Auflage.

Deutsche Bundesbank (Hrsg.) (2019): Monatsbericht April 2019, Jg. 71, Nr. 4, 2019.

Deutsche Bundesbank (Hrsg.) (2019): Monatsbericht Juni 2019, Jg. 71, Nr. 7, 2019.

Deutsche Bundesbank (Hrsg.) (2019): Monatsbericht August 2019, Jg. 71, Nr. 8, 2019.

Deutsches Institut für Wirtschaftsforschung e.V. (Hrsg.) (2017): Neue Eigenkapitalregeln könnten einige europäische Banken in Bedrängnis bringen, https://www.diw.de/de/diw_01.c.561525.de/neue_eigenkapitalregeln_koennten_einige_europaeische_banken_in_bedraengnis_bringen.html. Abgerufen am 01.10.2019.

Deutsches Institut für Wirtschaftsforschung e.v. / Leibniz-Institut für Wirtschaftsforschung an der Universität München e.v. / Konjunkturforschungsstelle des ETH Zürich / Institut für Weltwirtschaft an der Universität Kiel / Leibniz-Institut für Wirtschaftsforschung Halle / RWI- Leibniz-Institut für Wirtschaftsforschung / Institut für höhere Studien Wien (2018): Aufschwung verliert an Fahrt – Weltwirtschaftliches Klima wird rauer. Gemeinschaftsdiagnose #2-2018, Essen, 1., Auflage.

Draghi, Mario (2017): Accompanying the economy recovery, in: European Central Bank (Hrsg.) (2017): Investment and growth in advanced economies Conference proceedings https://www.ecb.europa.eu/pub/pdf/sintra/ecb.ecbforumcentralbanking2017.en.pdf?b19b2ff7382429c6493eb106d4a32726. Abgerufen am 01.10.2019.

Draghi, Mario (2019): Press Conference, Mario Draghi, President of the ECB, Luis de Guindos, Vice-President of the ECB, Frankfurt am Main, 12 September 2019, https://www.ecb.europa.eu/press/pressconf/2019/html/ecb.is190912~658eb51d68.en.html. Abgerufen am 01.10.2019.

DWS Group (Hrsg.) (2019): Deutsche Institutional Money plus ID BA, https://www.dws.de/rentenfonds/lu0787086031-deutsche-institutional-money-plus-id-ba/. Abgerufen am 01.10.2019.

Epiq Global (Hrsg.) (2019): Lehman Brothers Holdings Inc. (Chapter 11), https://dm.epiq11.com/case/LBH/info. Abgerufen 22.09.2019.

Europäische Zentralbank (Hrsg.) (2008): Preisstabilität: Warum ist sie für dich wichtig?, Frankfurt am Main, 1., Auflage

Europäische Zentralbank (Hrsg.) (2011): DIE GELDPOLITIK DER EZB 2011, https://www.ecb.europa.eu/pub/pdf/other/monetarypolicy2011de.pdf. Abgerufen am 22.09.2019.

European Banking Authority (Hrsg.) (2019): Risk Dashboard, Data as of Q1 2019, https://eba.europa.eu/documents/10180/2854739/eba+dashboard+-+q1+2019.pdf/ebb7b4d1-09c3-49c3-93a2-71e758d99fe8. Abgerufen am 01.10.2019.

European Central Bank (Hrsg.) (2019): Asset purchase programmes, https://www.ecb.europa.eu/mopo/implement/omt/html/index.en.html#cbpp3. Abgerufen am 22.09.2019.

European Central Bank (Hrsg.) (2019): DECISION (EU) 2019/XX* OF THE EURO-PEAN CENTRAL BANK of 12 September 2019 amending Decision (EU) 2019/1311 on a third series of targeted longer-term refinancing operations (ECB/2019/28), https://www.ecb.europa.eu/ecb/legal/pdf/en_ecb_2019_28_f_sign.pdf. Abgerufen am 01.10.2019.

European Central Bank (Hrsg.) (2019): Deposit facility – Eurosystem, http://sdw.ecb.europa.eu/quickview.do;jsessionid=616185E4D4992A05D53F1480E432FCFE?SERIES_KEY=123.ILM.M.U2.C.L020200.U2.EUR. Abgerufen am 22.09.2019.

European Central Bank (Hrsg.) (2019): ESB introduces two-tier system for remunerating excess liquidity holdings, https://www.ecb.europa.eu/press/pr/date/2019/html/ecb.pr190912_2~a0b47cd62a.en.html. Abgerufen am 01.10.2019.

European Central Bank (Hrsg.) (2019): The euro area bank lending survey, Second quarter of 2019, https://www.ecb.europa.eu/stats/ecb_surveys/bank_lending_survey/pdf/ecb.blssurvey2019q2~8ef4f872f0.en.pdf. Abgerufen am 01.10.2019.

European Central Bank (Hrsg.) (2019): Inflation rate (HICP), https://sdw.ecb.int/home.do. Abgerufen am 06.10.2019.

European Central Bank (Hrsg.) (2019): Key ECB interest rates, https://www.ecb.europa.eu/stats/policy_and_exchange_rates/key_ecb_interest_rates/html/index.en.html. Abgerufen am 22.09.2019.

European Central Bank (Hrsg.) (2019): Loans vis-a-vis euro area households reported by MFI excluding ESCB in Italy (stock), http://sdw.ecb.europa.eu/quickview.do?SERIES_KEY=117.BSI.M.IT.N.A.A20.A.1.U2.2250.Z01.E. Abgerufen am 01.10.2019.

European Central Bank (Hrsg.) (2019): Loans vis-a-vis euro area NFC reported by MFI excluding ESCB in Italy (stock), http://sdw.ecb.europa.eu/quickview.do?SERIES_KEY=117.BSI.M.IT.N.A.A20.A.1.U2.2240.Z01.E. Abgerufen am 01.10.2019.

European Central Bank (Hrsg.) (2019): Loans vis-a-vis euro area NFC reported by MFI excluding ESCB in the euro area (stock), http://sdw.ecb.europa.eu/quickview.do?SERIES_KEY=117.BSI.M.U2.N.A.A20.A.1.U2.2240.Z01.E. Abgerufen am 29.09.2019.

European Central Bank (Hrsg.) (2019): MFIs lending margins on loans to non-financial corporations (NFC) – Germany, https://sdw.ecb.europa.eu/quickview.do?SE-RIES_KEY=304.RAI.M.DE.LMGLNFC.EUR.MIR.Z. Abgerufen am 22.09.2019.

European Central Bank (Hrsg.) (2019): MFIs lending margins on new loans to households and non-financial corporations – Italy, https://sdw.ecb.europa.eu/quickview.do?SE-RIES_KEY=304.RAI.M.IT.LMGBLNFCH.EUR.MIR.Z. Abgerufen am 01.10.2019.

Handelsblatt (Hrsg.) (2019): Scholz will prüfen, Die GroKo will Sparer vor Negativzinsen schützen – Ökonomen sind entsetzt, Der Finanzminister nimmt einen Vorstoß von CSU-Chef Markus Söder auf. Banken und Ökonomen sind skeptisch und warnen vor einer „Destabilisierung des Bankensystems", https://www.handelsblatt.com/finanzen/banken-versicherungen/scholz-will-pruefen-die-groko-will-sparer-vor-negativzinsen-schuetzen-oekonomen-sind-entsetzt/24929818.html?nlayer=Themen_11804704&ticket=ST-7026388-7rdX0C4mo0pe-VHe7Xacd-ap. Abgerufen am 01.10.2019.

Hemraj, Mohammed (2015): Credit Rating Agencies: Self-Regulation, Statutory Regulation and Case Law Regulation in the United States and European Union, London, 1., Auflage.

Illing, Gerhard (2011): Zentralbanken im Griff der Finanzmärkte, Umfassende Regulierung als Voraussetzung für eine effiziente Geldpolitik, http://library.fes.de/pdf-files/wiso/08230.pdf. Abgerufen am 01.10.2019.

Intensa Sanpaolo (Hrsg.) (2019): Annual Report 2018, https://www.group.intesasan-paolo.com/scriptIsir0/si09/contentData/view/content-ref?id=CNT-05-000000052F133. Abgerufen am 01.10.2019.

International Monetary Fund (Hrsg.) (2019): World Economic and Financial Surveys, World Economic Outlook Database, in: Statista (Hrsg.) (2019): Größte Volkswirtschaften: Länder mit dem größten BIP im Jahr 2018 (in Milliarden US-Dollar), https://de.statista.com/statistik/daten/studie/157841/umfrage/ranking-der-20-laender-mit-dem-groessten-bruttoinlandsprodukt/. Abgerufen am 22.09.2019.

Jarchow, Hans-Joachim (2010): Grundrisse der Geldpolitik, Stuttgart, 9., aktualisierte und neu bearbeitete Auflage.

Kirchler, Michael / Lindner, Florian / Weitzel, Utz (2017): Rankings and Risk-Taking in the Finance Industry, Social Science Research Network, https://papers.ssrn.com/sol3/papers.cfm?abstract_id=2760637. Abgerufen am 01.10.2019.

Mallien, Jan / Blume, Jakob (2019): EZB-Chef Draghi erwägt neue Konjunkturimpulse-Trump zetert, EZB-Chef Mario Draghi bringt angesichts der geringen Inflation zusätzliche Zinssenkungen und weitere Anleihekäufe ins Spiel. Die Märkte jubeln, Handelsblatt, https://www.handelsblatt.com/finanzen/geldpolitik/geldpolitik-ezb-chef-draghi-erwaegt-neue-konjunktur-impulse-trump-zetert/24467374.html?ticket=ST-7199024-j9ZWjGwjIPT1EcpekRJC-ap1. Abgerufen am 01.10.2019.

Neuenkirch, Matthias / Nöckel, Matthias (2017): The Risk-Taking Channel of Monetary Policy Transmission in the Euro Area, in: Research Papers in Economics, o.J., Nr. 2, 2017, S.3.

Spahn, Peter (2012): Geldpolitik. Finanzmärkte, neue Makroökonomie und zinspolitische Strategien, München, 3., überarbeitete Auflage.

Statista Research Department (Hrsg.) (2018): Zinserträge der Banken in Deutschland in den Jahren von 1999 bis 2017 (in Milliarden Euro), Statista, https://de.statista.com/statistik/daten/studie/7057/umfrage/zinsertraege-deutscher-kreditinstitute/. Abgerufen am 22.09.2019.

Tagesschau (Hrsg.) (2019): Wie Kreditwürdig sind welche Staaten?, https://www.tagesschau.de/wirtschaft/ratings102.html. Abgerufen am 01.10.2019.

Trading Economics (Hrsg.) (2018): ITALIEN – BONITÄTSBEURTEILUNG, https://de.tradingeconomics.com/italy/rating. Abgerufen am 22.09.2019.

UniCredit (Hrsg.) (2019): One Bank, One UniCredit., 2018 Annual Report and Accounts, https://www.unicreditgroup.eu/content/dam/unicreditgroup-eu/documents/en/investors/financial-reports/2018/4Q18/2018-Annual-Report-and-Accounts.pdf. Abgerufen am 01.10.2019.

Weber, Axel A. (2008): Stürmischer Herbst: zur Finanzkrise und den realwirtschaftlichen Folgen, Deutsche Bundesbank, https://www.bundesbank.de/resource/blob/688886/5b12cab61a3716d1a2f113fdd83716cf/mL/2008-11-26-weber-stuermischer-herbst-zur-finanzkrise-und-realwirtschaftlichen-folgen-download.pdf. Abgerufen am 22.09.2019.